工会工作知识题库系列丛书

U0866190

产业工会工作知识题库

学习强会 编

中国工人出版社

图书在版编目（CIP）数据

产业工会工作知识题库 / 学习强会编 . —北京：
中国工人出版社，2023.6
ISBN 978-7-5008-8204-6

Ⅰ . ①产… Ⅱ . ①学… Ⅲ . ①产业工会 – 工会工作 –
中国 – 干部培训 – 习题集 Ⅳ . ① D412.6-44

中国国家版本馆 CIP 数据核字（2023）第 099627 号

产业工会工作知识题库

出 版 人 董 宽
责任编辑 王学良
责任校对 张 彦
责任印制 栾征宇
出版发行 中国工人出版社
地　　址 北京市东城区鼓楼外大街45号　邮编：100120
网　　址 http://www.wp-china.com
电　　话 （010）62005043（总编室）
（010）62005039（印制管理中心）
（010）62382916（工会与劳动关系分社）
发行热线 （010）82029051　62383056
经　　销 各地书店
印　　刷 北京市密东印刷有限公司
开　　本 787毫米×1092毫米　1/32
印　　张 2.875
字　　数 33千字
版　　次 2023年7月第1版　2023年7月第1次印刷
定　　价 16.00元

本书如有破损、缺页、装订错误，请与本社印制管理中心联系更换
版权所有 侵权必究

目　录
CONTENTS

单项选择题

扫码闯关答题

1. 中国产业工会是中国共产党领导的（　）自愿结合的工人阶级群众组织，是中国工会的重要组成部分。

A. 行业职工　　B. 产业职工

C. 工人　　D. 知识分子

2. 在传统社会主义经济学理论中，产业主要是指经济社会的（　）部门。

A. 物质生产　　B. 精神生产

C. 文化生产　　D. 劳动生产

3. 20 世纪（　）年代，国际劳工局把一个国家所有的产业划分为初级生产部门、次级生产部门和服务部门。

A. 20　　B. 30　　C. 40　　D. 50

4. 第二次世界大战后，西方国家大多采取了（　）级产业分类法。

A. 三　　B. 四　　C. 五　　D. 六

5. 在我国，基本上也把产业分为（　）大类。

A. 三　　B. 四　　C. 五　　D. 六

6. 第一产业是（　），是指人类通过劳动直接从自然界取得产品的产业部门。

A. 工业　　B. 农业　　C. 商业　　D. 服务业

7. 第二产业是（　），是指对第一产业和本产业提供的产品（原料）进行加工的产业部门。

A. 工业　　B. 农业　　C. 商业　　D. 服务业

8. 第三产业是（　），是指除第一产业、第二产业以外的其他行业。

A. 工业　　B. 农业　　C. 商业　　D. 服务业

9. 一个或多个（　）组成了（　）。

A. 职业　产业　　B. 产业　职业

C. 行业　产业　　D. 产业　行业

10. 一个（　）可以分为若干个（　）。

A. 职业　产业　　B. 产业　职业

C. 行业　产业　　D. 产业　行业

11. 产业职工，是在各个产业部门及其行业中从事劳动并由此获得工资报酬的（　）的统称。

A. 工人　　B. 劳动者

C. 生产者　　D. 群众

12. 产业职工构成（　）的主体。

A. 人民群众　　B. 劳动群众

C. 工人阶级　　D. 工农群众

13. 传统意义上，产业工人是指在现代工厂、矿山、交通运输等企业中从事集体生产劳动，以（　）为生活来源的工人（或称生产工人）。

A. 股份收入　　B. 资本收入

C. 租金收入　　D. 工资收入

14. （　）是产业职工的主体，是工人阶级的主力和骨干。

A. 行业工人　　B. 产业工人

C. 农业工人　　D. 知识分子

15. 我国现有产业工人（　）亿人左右。

A. 1　　B. 2　　C. 3　　D. 4

16. 超过（　）成的产业工人集中在第二产业。

A. 五　　B. 六　　C. 七　　D. 八

17. 近（　）成产业工人集中在制造业和建筑业。

A. 五　　B. 六　　C. 七　　D. 八

18. 近（　）成产业工人集中在东部地区。

A. 五　　B. 六　　C. 七　　D. 八

19. 近（　）成产业工人集中在国有大中型企业。

A. 五　　B. 六　　C. 七　　D. 八

20. （　）已经成为产业工人的主体。

A. 技能工匠　　B. 技术工人

C. 农民工　　D. 知识分子

21. 产业工人中男性占比超过（　）成。

A. 五　B. 六　C. 七　D. 八

22. 女性在制造业产业工人中比例最高，超过（　）成。

A. 四　B. 五　C. 六　D. 七

23. 知识分子是一个社会（　）阶层。

A. 体力劳动者　B. 脑力劳动者

C. 文字劳动者　D. 技术劳动者

24. 现代知识分子作为一个社会阶层，产生于（　）之后。

A. 产业革命　B. 信息革命

C. 文艺复兴　D. 鸦片战争

25. 知识分子已成为我国产业职工的（　）组成部分。

A. 多数　B. 少数

C. 主要　D. 重要

26. 在社会主义制度下，产业职工是国家（　）的重要成员。

A. 领导阶层　　B. 普通阶层

C. 领导阶级　　D. 普通阶级

27. 产业工会是按照（　）把产业部门的职工组织起来的工会组织。

A. 专业原则　　B. 行业原则

C. 职业原则　　D. 产业原则

28. 行业工会是按照（　）把行业职工组织起来的工会组织。

A. 专业原则　　B. 行业原则

C. 职业原则　　D. 产业原则

29. 行业工会实际上是（　）的一种组织形式。

A. 县级工会　　B. 地方工会

C. 产业工会　　D. 全国工会

30. 产业工会是工业社会（　）的必然产物，是世界各国工会最常见、最基本的组织形式。

A. 经济矛盾　　B. 政治矛盾

C. 文化矛盾　　D. 阶级矛盾

31. 真正意义上的产业工会出现于（　）世纪二三十年代。

A. 17　　B. 18　　C. 19　　D. 20

32. （　）年正式成立的格拉斯哥市纺织工人工会是世界上第一个以产业形式出现的工会组织。

A. 1817　　B. 1818　　C. 1819　　D. 1820

33. 我国早期的产业工会诞生于（　）世纪初期。

A. 17　　B. 18　　C. 19　　D. 20

34. 在 19 世纪（　）后，中国开始出现近代工业和近代产业工人。

A. 鸦片战争　　B. 维新变法

C. 洋务运动　　D. 中日甲午战争

35. （　）前，随着中国近代工业的发展、产业工人队伍的壮大，中国早期的工人运动逐步兴起。

A. 第一次世界大战　　B. 洋务运动

C. 中日甲午战争　　D. 鸦片战争

36. 1912 年至 1916 年，（　）工人先后在造船厂创建了“制造工人同盟会”，在商务印书馆成立了“集成同志社”等。

A. 北京　B. 上海　C. 武汉　D. 广州

37. 哈尔滨中俄铁路工人“中东铁路职工联合会”在十月革命的影响下，于（　）年 5 月举行了反对沙俄残余势力统治的罢工斗争。

A. 1916　B. 1917　C. 1918　D. 1919

38. 中国工人阶级作为独立的政治力量登上政治舞台的标志是（　）。

A. 维新变法　B. 洋务运动

C. 辛亥革命　D. 五四运动

39. 五四运动时期，中国（　）以自己特有的组织性、纪律性和坚定的革命性，在运动中发挥了主力军的作用。

A. 农民阶级　B. 工人阶级

C. 小资产阶级　D. 资产阶级

40.《中国职工运动简史》的作者是（　）。

A. 邓中夏　　B. 蔡和森

C. 李达　　D. 何叔衡

41. （　）年11月上海机器工会成立。

A. 1918　B. 1919　C. 1920　D. 1921

42. （　）年3月，中华海员工业联合总会成立。

A. 1918　B. 1919　C. 1920　D. 1921

43. 1921年7月，中国共产党（　）全国代表大会通过的《关于当前实际工作的决议》明确提出："本党的基本任务是成立产业工会。"

A. 第一次　　B. 第二次

C. 第三次　　D. 第四次

44. 1922年7月，中国共产党（　）全国代表大会通过的《关于"工会运动与共产党"的议决案》要求各地党组织集中力量组织产业工人工会。

A. 第一次　　B. 第二次

C. 第三次　　D. 第四次

45. 1922年，（ ）全国劳动大会在《全国总工会组织原则的决议案》中提出：“凡能采用产业组合的，都应一律应用产业组合法去组织工会。”

A. 第一次　　B. 第二次

C. 第三次　　D. 第四次

46. 1923年6月，中国共产党第三次全国代表大会通过（ ）。

A.《关于劳动运动的议决案》

B.《中国共产党章程》

C.《关于“工会运动与共产党”的议决案》

D.《关于“民主的联合战线”的议决案》

47. 1926年，在中华全国铁路总工会指导下进行活动的有（ ）多个铁路工会组织。

A. 40　　B. 60　　C. 80　　D. 100

48. 中国工人阶级第一次直接同帝国主义势力进行的有组织的较量是（ ）。

A. 省港大罢工　　B. 香港海员罢工

C. 安源路矿工人罢工　　D. 五卅运动

49. 20 世纪初期，中国海员工会在（　）设总工会，在广州、上海、汕头、中山、天津等地设立了分会。

A. 上海　　B. 武汉　　C. 香港　　D. 澳门

50. 1925 年 5 月 1 日，（　）全国劳动大会宣布成立中华全国总工会。

A. 第一次　　B. 第二次

C. 第三次　　D. 第四次

51. 1926 年 5 月，（　）全国劳动大会指出，在产业落后的中国，各种产业虽在幼稚时代，“但就各地组织发展来看，除铁路、海员已有全国组织外，其余皆有进行全国组织之可能，全国总工会今后应该注意这几种产业工人之组织；发展到相当程度时，即组织全国各种产业总工会”。

A. 第一次　　B. 第二次

C. 第三次　　D. 第四次

52. 1927 年 6 月召开的（　）全国劳动大会上明确要

求，“在各大城市联合产业性质相近的工会，组成当地各种产业总工会。尽可能将得力人员、工作职权及经费集中在这些产业总工会”。

A. 第一次　　B. 第二次

C. 第三次　　D. 第四次

53. 1929 年 11 月召开的（　）全国劳动大会再次提出：“首先要在产业工人如铁路、海员、矿山、兵工、市政、纺织等建立下层的强固的工会组织，在全国各地同一产业的工会有相当发展时，立即组织全国各种产业总工会。”

A. 第三次　　B. 第四次

C. 第五次　　D. 第六次

54. （　）年 4 月，蒋介石发动四·一二反革命政变以后，中国共产党科学分析了当时工人运动的形势，明确指出：“目前中国的工人运动迫切需要全国各产业总工会及健全的全国总工会进行领导。”

A. 1926　　B. 1927　　C. 1928　　D. 1929

55. 1948 年 8 月，中国革命胜利前夕召开的（　）全国劳动大会是中国工人阶级和工会组织走向团结和统一的大会，也是我国产业工会重新走向发展的标志性大会。

A. 第三次　　B. 第四次

C. 第五次　　D. 第六次

56.（　）年 5 月，刘少奇在华北职工代表会议上作的关于工会工作的报告中要求尽快建立全国性产业工会。

A. 1947　B. 1948　C. 1949　D. 1950

57.（　）年 8 月，中华全国总工会作出《关于工会组织系统与工会关系问题的决定》，提出：工会是工人阶级的群众组织，按产业建立工会是组织工会的基本原则。

A. 1947　B. 1948　C. 1949　D. 1950

58. 1949 年（　）月 1 日，中华人民共和国宣告成立，中国工人阶级从被剥削、被压迫的阶级成为国家的领导阶级，中国产业工会也迎来了加速成立、扩大发展、适当调整、积极投入建设新中国的新纪元。

A. 8　　B. 9　　C. 10　　D. 11

59. 1956 年 1 月，中央召开关于知识分子问题的会议，周恩来宣布他们的绝大部分“已经是（　）的一部分”。

A. 劳动阶级　　B. 工人阶级

C. 农民阶级　　D. 小资产阶级

60. 全心全意依靠（　）是我们党长期坚持的根本方针。

A. 工人阶级　　B. 农民

C. 知识分子　　D. 农民阶级

61. （　）年，中央在审查中国工会第八次全国代表大会的《中国工会章程（草案）》时，明确提出了“中国工会是按照产业和地区相结合的原则在民主集中制的基础上组织起来的”。

A. 1956　　B. 1957　　C. 1958　　D. 1959

62. （　）年 10 月，中国工会九大通过《中国工会章程》，重申了中国工会八大确定的产业和地方相结合的工会组织领导原则。

A. 1977　　B. 1978　　C. 1979　　D. 1980

63. 当前，中国工会驻会全国产业工会有（　）个。

A. 6　　B. 7　　C. 8　　D. 9

64. 当前，中国工会驻产业部委产业工会有（　）个。

A. 1　　B. 2　　C. 3　　D. 4

65. 当前，中国有（　）个全国性产业工会组织。

A. 8　　B. 9　　C. 10　　D. 11

66. （　）年 1 月，党中央印发《中共中央关于加强和改进党的群团工作的意见》。

A. 2013　　B. 2014　　C. 2015　　D. 2016

67. 2016 年以来，全国总工会 7 个驻会全国产业工会实现全委会委员、常委会成员中劳模和一线职工比例提高到（　）以上，分别增设 2 名兼职副主席，切实增强了各全国产业工会领导机构的群众性、代表性。

A. 7%　　B. 8%　　C. 9%　　D. 10%

68. （　）年确定为“产业工人队伍建设改革深化年”。

A. 2020　　B. 2021　　C. 2022　　D. 2023

69. （　）年确定为“产业工人队伍建设改革提升年”。

A. 2020　　B. 2021　　C. 2022　　D. 2023

70. （　）年，全国总工会成立推进产业工人队伍建设改革工作领导小组。

A. 2019　　B. 2020　　C. 2021　　D. 2022

71. 目前，全国技能劳动者（技术工人）超过（　）亿人。

A. 1　　B. 2　　C. 3　　D. 4

72. 目前，全国高技能人才超过（　）万人，技能劳动者占就业人口总量的26%。

A. 3000　　B. 4000　　C. 5000　　D. 6000

73. 目前，全国新发展八大群体工会会员超过（ ）万人。

A. 500　　B. 600　　C. 700　　D. 800

74. （ ）年2月6日，习近平总书记主持召开中央全面深化改革领导小组第三十二次会议，审议通过《新时期产业工人队伍建设改革方案》。

A. 2016　　B. 2017　　C. 2018　　D. 2019

75. （ ）年10月，党的十九大胜利召开。

A. 2016　　B. 2017　　C. 2018　　D. 2019

76. 2022年10月，党的（ ）大胜利召开。

A 十八　　B. 十八　　C. 十九　　D. 二十

77. （ ）年7月，全国总工会发布《中国工运事业和工会工作“十四五”发展规划》。

A. 2019　　B. 2020　　C. 2021　　D. 2022

78. 《中国工运事业和工会工作“十四五”发展规划》共包括十二个部分，阐明了“十四五”时期工会工作的指导思想和目标任务，从（　）个方面谋划了未来 5 年的重点工作。

A. 7　B. 8　C. 9　D. 10

79.（　）年 10 月 29 日，习近平总书记在同全国总工会新一届领导班子成员集体谈话时指出，要加强产业工人队伍建设，加快建设一支宏大的知识型、技能型、创新型产业工人大军。

A. 2016　B. 2017　C. 2018　D. 2019

80. 2020 年 12 月 10 日，习近平总书记致信祝贺首届（　）大赛举办。

A. 全国工匠　B. 大国工匠

C. 技能工匠　D. 全国职业技能

81. 2022 年 4 月 25 日，习近平总书记致信祝贺首届（　）创新交流大会举办。

A. 全国工匠　B. 大国工匠

C. 技能工匠　D. 全国职业技能

82.（　）队伍是支撑中国制造、中国创造的重要力量。

A. 技术工人　　B. 大国工匠

C. 技能工匠　　D. 职工群众

83. 2022 年是产业工人队伍建设改革（　）周年。

A. 3　　B. 4　　C. 5　　D. 6

84. 中国共产党第二十次全国代表大会召开时间为（　）。

A. 2022 年 10 月 16 日　　B. 2022 年 9 月 16 日

C. 2021 年 10 月 16 日　　D. 2021 年 9 月 16 日

85. 我国目前制造业规模、外汇储备稳居世界（　）。

A. 第一　　B. 第二　　C. 第三　　D. 第四

86. 我国是一个发展中大国，当前处于社会主义（　）阶段。

A. 原始　　B. 初级　　C. 中级　　D. 高级

87. （　）是全面建设社会主义现代化国家的首要任务。

A. 高水平发展　　B. 高质量发展
C. 高速度发展　　D. 高效益发展

88. （　）是党执政兴国的第一要务。

A. 稳定　B. 改革　C. 发展　D. 开放

89. 中国特色社会主义进入新时代，我国社会主要矛盾已经转化为（　）之间的矛盾。

A. 人民日益增长的美好生活需要和不充分不平衡的发展
B. 人民日益增长的幸福生活需要和不平衡不充分的发展
C. 人民日益增长的幸福生活需要和不充分不平衡的发展
D. 人民日益增长的美好生活需要和不平衡不充分的发展

90. 中国特色社会主义最本质的特征是（　）。

A. 改革开放　　B. 中国共产党领导
C. 人民代表大会制度　　D. 政治协商会议

91. “五位一体”总体布局不包括（　）。

A. 经济建设　　B. 政治建设

C. 文化建设　　D. 思想建设

92. “四个全面”战略布局不包括（　）。

A. 全面深化改革　　B. 全面依法治国

C. 全面生态建设　　D. 全面从严治党

93. 习近平总书记强调的“政治三力”不包括（　）。

A. 政治判断力　　B. 政治领悟力

C. 政治觉察力　　D. 政治执行力

94. 党内“四风”不包括（　）。

A. 形式主义　　B. 本本主义

C. 官僚主义　　D. 享乐主义

95. 新时代党和国家事业发展的根本遵循是（　）。

A. 习近平新时代中国特色社会主义思想

B. 中国特色社会主义思想

C. 新时代中国特色社会主义理论

D. 中国特色社会主义理论

96. 当前，中国共产党的中心任务就是团结带领全国各族人民全面建成社会主义现代化强国、实现第二个百年奋斗目标，以（　）全面推进中华民族伟大复兴。

A. 四个现代化　　B. 中国式现代化

C. 中国现代化　　D. 全面现代化

97. 健全（　）的社会治理制度，提升社会治理效能。

A. 共有共治共享　　B. 共建共有共享

C. 共建共治共有　　D. 共建共治共享

98. 在社会基层坚持和发展新时代（　），完善正确处理新形势下人民内部矛盾机制，加强和改进人民信访工作。

A. 斗争经验　　B. “蛇口模式”

C. “枫桥经验”　　D. 实践经验

99. 到2025年底，各产业工会全国委员会委员和常务委员会成员中劳模和一线职工代表比例达到（　）以上。

A. 5%　　B. 10%　　C. 15%　　D. 20%

100. 下列不属于中国工会确立的组织体制有（　）。

A. 产业和地方相结合的组织领导原则

B. 行业和地方相结合的组织领导原则

C. 坚持民主集中制

D. 坚持全国建立统一的中华全国总工会

101. 产业工会的优势决定了产业工会在参与（　）等方面能够充分发挥其独特作用。

A. 制定国家产业政策法规

B. 促进产业改革发展

C. 协调产业劳动关系

D. 以上都正确

102. 新时代产业职工思想政治工作面临的新形势新挑战有（　）

A. 我国发展面临的国内外环境日益复杂，统一思想、凝聚力量的任务更重

B. 社会主要矛盾深刻变化，理顺情绪、化解矛盾

的任务更重

C. 科技革命迅猛发展，把正方向、引领思想的任务更重

D. 以上都正确

103. 关于积极协调产业劳动关系，下列说法不正确的是（ ）。

A. 由产业工会的性质决定的

B. 产业工会具有独特作用

C. 产业工会参加社会治理的重要内容

D. 不是产业工会具有的优势

104. 工会各级组织按照（ ）原则建立。

A. 联合制　　B. 代表制

C. 民主集中制　　D. 民主制

105. 中国工会实行（ ）的组织领导原则。

A. 产业　　B. 地域

C. 行业　　D. 产业和地方结合

106. 产业原则是指以（ ）系统组织工会和实行联合

的原则。

A. 行业　　B. 产业　　C. 专业　　D. 职业

107. 行业原则是指按照产业内部分工和（　）性质组织工会和实行联合的原则。

A. 行业　　B. 产业　　C. 专业　　D. 职业

108. 地域原则是指以地域为单位组建地方（　）工会、行业工会的原则。

A. 行业　　B. 产业　　C. 专业　　D. 职业

109. 联合制、代表制原则是指各级（　）工会的领导机构由其所属基层工会或下级工会的代表联合组成，真正做到工会代表职工，上级代表下级，各级工会为基层、为职工服务的原则。

A. 行业　　B. 产业　　C. 专业　　D. 职业

110. 职业原则是指按照职工所从事的（　）组织工会和实行联合的原则。

A. 行业　　B. 产业　　C. 专业　　D. 职业

111. 产业工会的（　）结构是指由全国产业工会，省、自治区、直辖市产业工会，省辖市产业工会，县（区）、乡镇、街道产业工会和基层工会构成的产业工会的组织系统。

A. 纵向　　B. 横向　　C. 交叉　　D. 内部

112. 由于各地经济结构和职工队伍构成情况不同，按照工会章程的规定，各级地方产业工会的设置由（　）根据本地区的实际情况确定。

A. 同级地方总工会　　B. 上级总工会

C. 同级地方党委　　D. 上级党委

113. 实行工会代表大会制度的产业工会有（　）。

A. 中华全国铁路总工会　　B. 中国民航工会

C. 中国金融工会　　D. 中国教科文卫体工会

114. 2015 年 7 月，党中央决定在（　）开展中央群团机关改革试点。

A. 全国总工会　　B. 全国妇联

C. 全国人大　　D. 全国政协

115. 城市产业工会就是通常讲的（　）城市产业工会。

A. 地级　　B. 县级

C. 计划单列　　D. 省级

116. 各级地方总工会委员会和产业工会委员会每届任期（　）年。

A. 三　　B. 四　　C. 五　　D. 六

117. （　）是当地地方工会组织和产业工会地方组织的领导机关。

A. 地方总工会　　B. 中华全国总工会

C. 地方产业工会　　D. 全国产业工会

118. 全国建立统一的（　）总工会。

A. 中国　　B. 中华

C. 中华全国　　D. 全国中华

119. 产业工会全国委员会委员实行（　）。

A. 联合制　　B. 代表制

C. 替补制　　D. 增补制

120. 各级地方总工会委员会委员和地方产业工会委员会委员，可以实行（ ）。

A. 联合制　　B. 代表制

C. 替补制　　D. 增补制

121. 按产业原则组织工会是（ ）首先提出来的。

A. 马克思　　B. 恩格斯

C. 列宁　　D. 斯大林

122. 发达资本主义国家则是按照（ ）分类，组织企业职工参加同一产业工会。

A. 产业　B. 行业　C. 职业　D. 企业

123. 按照（ ）原则组建工会，必然形成一个企业中同时存在几个不同的工会组织，容易造成工会力量分散，削弱工人阶级和工会组织的战斗力，不利于维护工人阶级的整体利益。

A. 行业　B. 产业　C. 专业　D. 职业

124. （ ）年3月，全国总工会组织部印发《驻会全国产业工会第五届全国委员会和常务委员会组成办法》，对各驻会产业工会全国委员会和常务委员会组成、委员产生办法及有关事项作出明确规定。

A. 2020　　B. 2021　　C. 2022　　D. 2023

125. 行业工会联合会是（　）年首先由江苏省常州市和山东省潍坊市总工会建立行业工会联合会的改革尝试产生的。

A. 1986　　B. 1987　　C. 1988　　D. 1990

126. 随着各类行业协会的不断扩大和雇主组织属性的不断归位，集体谈判已从以企业为主提升到以（　）为主。

A. 行业　　B. 产业　　C. 专业　　D. 职业

127. 全国产业工会、各级地方产业工会、乡镇工会和城市街道工会的委员会，可以按照（　）原则，由下一级工会组织民主选举的主要负责人和适当比例的有关方面代表组成。

A. 联合制　　B. 代表制

C. 联合制、代表制　　D. 民主集中制

128. 独立管理经费的产业工会经费审查委员会委员，可以实行（　）。

A. 联合制　　B. 代表制

C. 替补制　　D. 增补制

129. 产业工会全国组织的设置，由（　）根据需要确定。

A. 地方总工会　　B. 中华全国总工会

C. 地方产业工会　　D. 全国产业工会

130. （　）的改革发展是产业职工的根本利益所在。

A. 行业　　B. 职业

C. 产业　　D. 专业技术

131. 党的十八大以来，以习近平同志为核心的党中央把（　）摆在国家发展全局的核心位置。

A. 创新　　B. 协调　　C. 开放　　D. 共享

132. 维护产业劳动领域（　）是产业工会协调产业劳动关系的重要工作。

A. 经济安全　　B. 政治安全

C. 法律安全　　　　D. 社会安全

133. （　）是制度建设的前提和基础。

A. 政治建设　　　　B. 组织建设

C. 作风建设　　　　D. 思想建设

134. 我国工人运动的时代主题是（　）。

A. 全面建成小康社会

B. 全面建设社会主义现代化国家

C. 全面建成社会主义现代化强国

D. 为实现中华民族伟大复兴的中国梦而奋斗

135. 全面学习、全面把握、全面落实党的（　）精神是各级工会和广大工会干部当前和今后一个时期的首要政治任务。

A. 十七大　　　　B. 十八大

C. 十九大　　　　D. 二十大

136. 要组织广大产业职工深入开展（　）主题活动，不断丰富职工文化产品供给。

A. “中国梦 · 劳动美”

B. “中国梦”

C. “劳动美”

D. “劳动美·中国梦”

137. 组织引导各产业所联系的职工，广泛深入持久开展以（　）为主题的劳动和技能竞赛。

A. “奋进新征程、建功‘十四五’”

B. “建功‘十四五’、奋进新征程”

C. “建功‘十四五’”

D. “奋进新征程”

138. 健全以（　）为基本形式的企事业单位民主管理制度。

A. 职工代表大会　　B. 集体协商

C. 集体合同　　D. 厂务公开

139. （　）是各级地方总工会和各产业工会全国组织的领导机关。

A. 地方总工会　　B. 中华全国总工会

C. 地方产业工会　　D. 全国产业工会

140. 新就业形态劳动者会员（　）在哪里，会籍就在哪里。

A. 劳动关系　　B. 住址

C. 籍贯　　D. 社会关系

141. 各产业工会的领导体制，由（　）确定。

A. 地方总工会　　B. 全国总工会

C. 地方产业工会　　D. 全国产业工会

142. 以下不属于八大群体的人员是（　）。

A. 货车司机　　B. 快递员

C. 售货员　　D. 保安员

143. 以下不属于“三新”领域的有（　）。

A. 新科技　　B. 新产业

C. 新业态　　D. 新商业模式

144. 劳动关系三方协商机制，是（　）国家为促进劳动关系协调发展而普遍采取的方式。

A. 市场经济　　B. 计划经济

C. 资本主义　　D. 社会主义

145. 近年来，中国海员建设工会联合交通运输部启动（　）建设工作。

A. “员工之家”　　B. “司机之家”

C. “货车之家”　　D. “公交之家”

146. 截至 2021 年 12 月底，（　）助推金融系统共建户外劳动者服务站点达 4.2 万余个。

A. 民航工会　　B. 铁路工会

C. 金融工会　　D. 银行工会

147. 近年来，中国财贸轻纺烟草工会联合中国职工发展基金会、阿里本地生活等，举办“户外劳动者秋季特别关爱计划启动暨（　）平米温暖户外劳动者服务站点”授牌仪式，示范带动更多的商家参与站点建设，主动关爱劳动者，积极承担社会责任。

A. 一　　B. 二　　C. 三　　D. 四

148. 大力推进（　）建设，不断提高产业工会工作规范化水平，切实发挥产业工会作用。

A. “五有”工会　　B. “六有”工会

C. “七有”工会　　　　D. “八有”工会

149. 《新时期产业工人队伍建设改革方案》内容主要包括（　）个方面。

A. 4　　B. 5　　C. 6　　D. 7

150. 《新时期产业工人队伍建设改革方案》提出（　）条改革举措。

A. 24　　B. 25　　C. 26　　D. 27

151. 制定和实施《新时期产业工人队伍建设改革方案》，就产业工人队伍建设改革专门进行谋划和部署，在我们党和国家历史上是（　）。

A. 第一次　　　　B. 第二次

C. 第三次　　　　D. 第四次

152. 到 2022 年，中国中车已经有（　）多年的历史。

A. 120　　B. 130　　C. 140　　D. 150

153. 中信重工机械股份有限公司前身为洛阳矿山机器厂，是“一五”期间国家（　）项重点工程之一，被誉为“中国工业的脊梁、重大装备的摇篮”。

A. 150　B. 156　C. 158　D. 160

154. 近年来，南瑞集团积极探索，坚持先试先行、立破并举，（　），全面深入推进产改，实现产业工人获得感、满足感、幸福感大幅提升，成为推动企业高质量发展的强劲动力。

A. “三立三破”　B. “四立四破”

C. “五立五破”　D. “六立六破”

155. 2021 年 6 月，（　）市地铁运营有限公司成立全市交通运输系统首家职工创新工作室联盟。

A. 北京　B. 上海　C. 广州　D. 深圳

156. 近年来，徐州矿务集团有限公司实施“十大突破”，提升“三大地位”，努力打造全国（　）系统产业工人队伍建设改革“徐矿样本”。

A. 国防邮电　B. 机冶建材

C. 能源化学地质　D. 农林水利气象

157. 近年来，中国宝武钢铁集团有限公司深入实施

（　）工程，扎实推进产业工人队伍建设改革。

A. “三个全面”　　B. “四个全面”

C. “五个全面”　　D. “六个全面”

158. 近年来，中国国防邮电工会大力推动（　）“会、站、家”一体化建设。

A. 邮政行业　　B. 电信行业

C. 快递企业　　D. 非公快递企业

159. 近年来，中国财贸轻纺烟草工会推进（　）建会入会与维权服务工作。

A. 八大群体

B. 新就业形态劳动者群体

C. 外卖员群体

D. 快递员群体

160. 江苏农垦诞生于（　）年 2 月，由中国人民解放军原步兵第 102 师整建制转为农业建设第四师。

A. 1950　　B. 1951　　C. 1952　　D. 1953

161. （　）是工会组织的灵魂，是第一位的。

A. 政治性　　B. 先进性

C. 群众性　　D. 阶级性

162. （　）是群团组织的根本特点。

A. 政治性　　B. 先进性

C. 群众性　　D. 阶级性

163. （　）是对党的群团工作长期奋斗历史经验的科学总结。

A. 社会主义群团发展道路

B. 中国特色社会主义群团发展道路

C. 中国特色社会主义工会发展道路

D. 社会主义工会发展道路

164. （　）是做好群团工作的根本保证。

A. 党的领导　　B. 群众支持

C. 制度建设　　D. 改革创新

165. 群团组织是党和政府联系（　）的桥梁和纽带。

A. 人民群众　　B. 工人

C. 农民　　D. 知识分子

166. 党委在（　）内应该召开专门的群团工作会议。

A. 每届任期　　B. 每两年

C. 每三年　　D. 每五年

167. （　）年12月29日，中共中央政治局会议通过《中共中央关于加强和改进党的群团工作的意见》。

A. 2012　B. 2013　C. 2014　D. 2015

168. 把产业工会建设成为名副其实的（　）。

A. “行业职工之家”

B. “产业职工之家”

C. “专业职工之家”

D. “职业职工之家”

169. （　）年12月，全国总工会下发了《关于建立健全工会领导机关干部赴基层蹲点工作长效机制的意见》。

A. 2019　B. 2020　C. 2021　D. 2022

170. 加强产业工会的组织建设包括（　）。

A. 调整改善产业工会全委会、常委会成员结构

B. 增设兼职副主席，提高产业工会领导机构组成人员的广泛性和代表性

C. 建立完善代表委员参与决策、发挥作用的机制

D. 以上都正确

171. 改进完善干部考察制度机制，将（　）作为选人用人第一标准。

A. 政治标准　　B. 道德标准

C. 业务标准　　D. 专业标准

172. 坚持一切从（　）出发，是我们想问题、做决策、办事情的出发点和落脚点。

A. 实际　　B. 理论　　C. 主观　　D. 经验

173. 加强与（　）联系是工会工作的生命线。

A. 企事业单位　　B. 职工群众

C. 上级单位　　D. 政府机关

174. （　）是工会组织的最大优势。

A. 理论联系实际　　B. 批评与自我批评

C. 密切联系职工群众　　D. 统一战线

175. 脱离（　）是工会组织的最大危险。

A. 职工群众　　B. 企事业单位

C. 上级单位　　D. 政府机关

176. 各级产业工会党员领导干部要严格履行“一岗双责”，担负起（　）的职责。

A. 责任人　　B. 主要责任人

C. 第一责任人　　D. 重要责任人

177. 在二七惨案一年后的（　）年 2 月 7 日，中华全国铁路总工会在北京正式成立，并发表了《全国铁路总工会成立宣言》。

A. 1922　　B. 1923　　C. 1924　　D. 1925

178. （　）年 2 月 7 日，新中国成立后中国铁路工会第一次全国代表大会在北京召开，选举产生了中国铁路工会全国委员会，全国铁路总工会从此恢复。

A. 1949　　B. 1950　　C. 1951　　D. 1952

179. 到 1949 年末，（　）铁路工会的各级组织正式建立完备。

A. 东北　　B. 华北　　C. 西南　　D. 西北

180. 1923年2月的（　），是中国共产党领导我国工人阶级和全国人民同帝国主义及封建军阀直接较量的一次大规模群众运动，是中国工人运动史上最光荣、最伟大的一页。

A. 京汉铁路工人大罢工　　B. 省港大罢工

C. 五卅运动　　D. 香港海员大罢工

181.（　）年10月，在中共中央北方局和中国劳动组合书记部北方分部的领导下，全国铁路工人代表会议在北京召开，成立了“全国铁路总工会筹备委员会”。

A. 1922　　B. 1923　　C. 1924　　D. 1925

182.（　）年12月，中国民航工会成立。

A. 1949　　B. 1950　　C. 1951　　D. 1952

183.（　）年7月，中国民航工会第一次全国代表大会召开，选举产生了中国民航工会第一届全国委员会。

A. 1981　　B. 1982　　C. 1983　　D. 1984

184. （　）年，中国金融工会成立。

A. 1949　　B. 1950　　C. 1951　　D. 1952

185. 中国金融工会的最高权力机关是中国金融工会全国委员会，每届任期（　）年。

A. 3　　B. 4　　C. 5　　D. 6

186. 中国教科文卫体工会的前身是（　）。

A. 中国教育工会　　B. 中国科学工会

C. 中国卫生工会　　D. 中国文体工会

187. 1956年8月，中国教育工会（　）全国代表大会提出了“向文化进军、向科学进军”的号召。

A. 第一次　　B. 第二次

C. 第三次　　D. 第四次

188. （　）年，中华全国总工会将“中国教科文卫工会”改名为“中国教科文卫体工会”。

A. 2000　　B. 2001　　C. 2002　　D. 2003

189. 中国教科文卫体工会是一个以（　）为主体的全国产业工会。

A. 工人　　B. 教师

C. 医生　　D. 知识分子

190. 中国海员建设工会于（　）年在原中国海员工会、中国公路运输工会和中国建设建材工会的建筑、城建部分基础上组建而成。

A. 2000　　B. 2001　　C. 2002　　D. 2003

191. 中国海员工会的前身是（　），是有着悠久历史和光荣传统的产业工会。

A. 中华海员工业联合总会

B. 中国海员工业联合总会

C. 中华海员工会

D. 中国海员工会

192. 中华全国总工会第一任委员长是（　）。

A. 李立三　　B. 苏兆征

C. 林伟民　　　　D. 邓中夏

193. （　）是中国成立最早的全国性产业工会。

A. 中华海员工业联合总会

B. 中华全国铁路总工会

C. 中国纺织工会

D. 中国机器工会

194. （　）年7月，“中国能源化学工会”更名为“中国能源化学地质工会”。

A. 2015　　B. 2016　　C. 2017　　D. 2018

195. 根据中国工会组织原则，全国能源化学地质系统工会实行（　）相结合的组织领导体制，以地方工会领导为主，同时接受中国能源化学地质工会领导。

A. 产业与地方　　　　B. 产业与行业

C. 行业与地方　　　　D. 全国与地方

196. （　）年7月，“中国机冶建材工会”更名为“中国机械冶金建材工会”。

A. 2015　　B. 2016　　C. 2017　　D. 2018

197.（　）年 11 月，根据全国总工会机构改革的部署，中国国防邮电工会在原中国国防工业工会、中国邮电工会基础上组建而成。

A. 2000　　B. 2001　　C. 2002　　D. 2003

198.（　）年 11 月，根据全国总工会机关机构改革的部署，中国财贸轻纺烟草工会在原中国财贸工会、中国轻工业工会、中国纺织工会基础上组建而成。

A. 2000　　B. 2001　　C. 2002　　D. 2003

199.（　）年 4 月 1 日，在江西瑞金召开了中国农业工人第一次代表大会，成立了中国农业工人工会中央委员会。

A. 1930　　B. 1931　　C. 1932　　D. 1933

200.（　）年，根据全国总工会机构改革部署，“中国农林水利工会”更名为“中国农林水利气象工会”。

A. 2015　　B. 2016　　C. 2017　　D. 2018

多项选择题

扫码闯关答题

1. 在广义上，产业泛指一切生产（　）和提供劳务活动的集合体。

A. 物质产品　　B. 精神产品

C. 文化产品　　D. 科技产品

2. 第一产业是农业，是指人类通过劳动直接从自然界取得产品的产业部门，我国规定专指农、（　）业。

A. 林　　B. 牧　　C. 副　　D. 渔

3. 第二产业是工业，是指对第一产业和本产业提供的产品（原料）进行加工的产业部门，我国规定专指（　），电力、热力、燃气及水生产和供应业，建筑业。

A. 采矿业　　B. 制造业

C. 文旅业　　D. 房地产业

4. 第三产业包括：（　），交通运输、仓储和邮政业，（　），信息传输、软件和信息技术服务业，（　），建筑业，租赁和商务服务业，科学研究和技术服务业等。

A. 批发和零售业　　B. 住宿和餐饮业

C. 金融业　　D. 制造业

5. 产业是（　）的产物。

A. 阶级斗争　　B. 社会分工

C. 生产力发展　　D. 人类战争

6. 行业，一般是指其按生产（　）或具有（　）过程或提供同类劳动服务划分的（　）类别，如饮食行业、服装行业、机械行业等。

A. 同类产品　　B. 相同工艺

C. 经济活动　　D. 政治活动

7. 产业职工必须具备两个要素，包括（　）。

A. 高尚的职业道德

B. 高超的职业技能

C. 在国民经济和社会事业的某个产业或行业工作

D. 以自己的劳动（体力劳动或者脑力劳动）获得工资报酬

8. 产业职工是由（ ）两大部分构成的。

A. 产业工人　　B. 农民

C. 工人　　D. 知识分子

9. 我国产业工人主要是指在（ ）中从事集体生产劳动，以工资收入为生活来源的工人。

A. 第一产业的农场、林场

B. 第一产业的牧业、渔业

C. 第二产业的采矿业、制造业、建筑业和电力、热力、燃气及水生产和供应业

D. 第三产业的交通运输、仓储和邮政业，信息传输、软件和信息技术服务业

10. 产业工人是先进生产力的代表者，他们最富于（ ），最能代表工人阶级的特性。

A. 积极性　　B. 组织性

C. 纪律性　　　　D. 革命性

11. 在我国，产业职工的（　）是随着产业及其行业的发展变化而变化的。

A. 来源　　　　B. 队伍结构

C. 分布特点　　　　D. 政治地位

12. 产业工会在我国的出现具有重大的社会政治意义，包括（　）。

A. 是工人阶级开始由自在阶级走向自为阶级的重要标志

B. 是产业工人开始由分散走向团结的基本象征

C. 产业工人也从此有了自身利益的表达者和维护者

D. 为促进工人阶级的团结、工人运动和工会运动的协调和统一打下了坚实的组织基础

13. 中国产业工会是在中国共产党领导的反抗（　）的伟大斗争中产生的。

A. 帝国主义　　　　B. 封建主义

C. 官僚资本主义　　　D. 殖民主义

14. 1925 年第二次全国劳动大会召开时，已经组建了（　）等产业工会组织。

A. 中华全国铁路总工会

B. 汉冶萍总工会

C. 中华海员工业联合总会

D. 广州工人代表会

15. 20 世纪初，（　）等行业，在一些城市或地区也建立了产业工会。

A. 矿山　　B. 纺织　　C. 五金　　D. 印刷

16. 1949 年 8 月，当时，只有（　）三种产业工人已具备建立全国性产业工会的条件。

A. 铁路　　B. 海员　　C. 邮电　　D. 金融

17. 中国工会驻产业部委产业工会有（　）。

A. 中华全国铁路总工会

B. 中国民航工会

C. 中国海员建设工会

D. 中国金融工会

18. 2017 年 4 月，中共中央、国务院印发了《新时期产业工人队伍建设改革方案》，指出要按照“（　）”的总体思路。

A. 政治上保证　　B. 制度上落实

C. 素质上提高　　D. 权益上维护

19. 在中国特色社会主义进入新时代的历史征程中，产业工会肩负着重要历史使命，需要充分发挥产业工会在（　）开展中的重要作用。

A. 促进产业改革发展　　B. 协调产业劳动关系

C. 维护产业职工利益　　D. 推动工会全局工作

20. 关于产业工会以下说法正确的有（　）。

A. 必须由同一行业职工组成

B. 可以由性质相近的几个行业职工组成

C. 具有社团法人资格

D. 不具有社团法人资格

21. 产业工会代表和维护产业职工的合法权益是（　）。

A. 产业工会与生俱来的历史使命

B. 产业工会的基本职责

C. 由社会主义初级阶段的主要矛盾决定的

D. 适应职工队伍发展变化的现实需要

22. 产业工会做好新时代产业职工思想政治工作的主要举措有（　）。

A. 以党的创新理论武装职工，巩固亿万职工团结奋斗的共同思想基础

B. 以先进文化培育职工，打造健康文明、昂扬向上、全员参与的职工文化

C. 以正确舆论引导职工，唱响奋进新征程的时代主旋律

D. 以高尚精神感染职工，发挥先进典型示范引领作用

23. 产业工会参与制定产业政策法规是产业工会（　）。

A. 履行代表和维护产业职工合法权益的基本职责、履行社会职能的必然要求

B. 体现我国国体、政体本质的必然要求

C. 实施依法治国方略、建设社会主义法治国家的必然要求

D. 落实党的全心全意依靠工人阶级指导方针的必然要求

24. 新中国成立后，我国产业工会的组织原则主要有（　）。

A. 产业原则　　B. 行业原则

C. 地域原则　　D. 联合制、代表制原则

25. 联合制、代表制原则的基本内容是（　）。

A. 工会企事业基层组织由会员大会或会员代表大会选举本级工会的领导人

B. 企事业基层以上的各级工会是下一级组织的联合体，其领导机构主要应由下一级工会组织民主选举的主要领导人组成，是下级工会的领导机关和代表机关

C. 参加上级工会领导机构的成员可以实行替补制

D. 根据工作需要，工会的领导机构可以吸收有关方面的代表参加

26. 行政管理体制实行垂直管理的产业，实行产业工会和地方工会双重领导、以产业工会领导为主的领导体制的有（　）。

A. 中华全国铁路总工会　　B. 中国民航工会

C. 中国金融工会　　D. 中国教科文卫体工会

27. 按联合制、代表制原则建立的产业工会委员会有（　）。

A. 中国民航工会

B. 中国金融工会

C. 中华全国铁路总工会

D. 中国海员建设工会

28. 独立管理工会经费的产业工会有（　）。

A. 中华全国铁路总工会

B. 中国民航工会

C. 中国金融工会

D. 中国能源化学地质工会

29. 不管理工会经费的产业工会有（　）。

A. 中国教科文卫体工会

B. 中国海员建设工会

C. 中国机械冶金建材工会

D. 中国国防邮电工会

30. 全国产业工会在研究解决涉及本产业发展和职工切身利益的（　）突出问题，落实工会重点工作，提高本产业工会工作整体水平，团结动员职工促进本产业的改革与发展等方面发挥着重要的作用。

A. 行业性　　B. 全局性

C. 局部性　　D. 政策性

31. 省级产业工会是指（　）产业工会。

A. 省　　B. 市

C. 自治区　　D. 直辖市

32. （　）实行垂直领导的产业工会地方组织的设置，由相关全国产业工会提出意见，报全国总工会批准。

A. 铁路　B. 民航　C. 金融　D. 纺织

33. 县（区）以下产业工会是指（　）职工按照行业联合组织起来的工会组织。

A. 县（区）　B. 乡镇（街道）

C. 企业单位　D. 事业单位

34. 行业工会联合会，是指按照（　）和行业性质，由同一行业或性质相近行业的企事业单位工会，在一定的地域内按照（　）、（　）的原则组织起来的一级工会组织。

A. 产业分工　B. 行业分工

C. 联合制　D. 代表制

35. 行业工会联合会主要是在县（区）以下、按照地域建立的工会组织，工作对象主要是（　）的非公有制企业职工。

A. 中大型　B. 小型

C. 分散　D. 职工流动性大

36. 工会“增三性”是指工会组织增强（　）。

A. 政治性　　B. 阶级性

C. 先进性　　D. 群众性

37. 工会“去四化”是指工会组织去除机关化、（　）。

A. 行政化　　B. 贵族化

C. 娱乐化　　D. 市场化

38. 推进新时代产业工会工作创新发展的主要原则有（　）。

A. 坚持党的领导　　B. 坚持依法依章

C. 坚持立足实际　　D. 坚持问题导向

39. 各产业工会要完整、准确、全面领会党的二十大的（　），找准产业工会工作与党的二十大精神的结合点和切入点，坚持围绕中心服务大局。

A. 重要思想　　B. 重要观点

C. 重大战略　　D. 重大举措

40. 推进新时代产业工会工作创新发展的目标任务有（　）等。

A. 加强产业职工思想政治引领

B. 组织产业职工建功立业

C. 加强产业职工维权服务

D. 维护产业职工队伍和社会大局和谐稳定

41. 要切实履行引导广大产业职工听党话、跟党走的政治责任，推动习近平新时代中国特色社会主义思想进企业、（　），打牢广大产业职工团结奋斗的思想基础。

A. 进车间　　B. 进学校

C. 进教材　　D. 进头脑

42. 在中华全国总工会统一领导和安排下，1951 年已建立（　）个产业工会全国委员会，（　）个筹备委员会，（　）个工作委员会。

A. 10　　B. 9　　C. 7　　D. 3

43. 要发挥工会报刊、网站、（　）等宣传文化阵地以及新媒体作用，推动思想政治工作传统优势与信息技术深度融合。

A. 文化宫　　B. 出版社

C. 农家书屋　　D. 职工书屋

44. 要紧紧围绕实现第二个百年奋斗目标，聚焦“十四五”时期国家（　）。

A. 重大战略　　B. 重大工程

C. 重大项目　　D. 重点产业

45. “五小”技术创新活动一般是指小发明、小革新、（　）。

A. 小改造　　B. 小设计

C. 小建议　　D. 小思考

46. 要健全产业工会维权服务机制，完善（　）。

A. 产业行业协调劳动关系三方机制

B. 行业企业协调劳动关系三方机制

C. 与政府职能部门联席会议制度

D. 与企业党政、行业协会工作互动机制

47. 发挥产业工会系统中的（　）作用，参与涉及产业职工切身利益的法律法规和政策的制定，反映产业职工利益诉求。

A. 人大代表　　B. 政府官员

C. 政协工会界委员　　D. 企业家

48. 开展行业性集体协商，推动建立科学合理的产业（行业）劳动定额和标准，促进健全企业职工工资（　）。

A. 决定机制　　B. 发放机制

C. 正常增长机制　　D. 支付保障机制

49. 了解本产业本企业面临的突出问题和情况，密切关注本产业（　）对职工利益的影响。

A. 结构调整　　B. 化解产能过剩

C. 淘汰落后产能　　D. 企业兼并重组

50. 推动完善保障职工权益的（　）等制度机制。

A. 劳动合同制度　　B. 集体合同制度

C. 企业民主管理制度　　D. 劳动保障监察制度

51. 要聚焦货车公司、（　）等重点群体，把各产业、行业劳动关系的新动向、新特征和新问题摸清楚，有针对性地做好各种矛盾风险的排查化解。

A. 网约车司机　　C. 快递员

C. 建筑工人　　D. 外卖配送员

52. 全国总工会和各级工会要把“五个坚决”要求落到实处，其中“五个坚决”内容包括：坚决防止敌对势力借所谓“维权”插手煽动、渗透破坏，坚决防止所谓“独立工会”“民间工会”的出现，（　）。

A. 坚决维护职工队伍和工会组织的团结统一

B. 坚决维护企业和社会大局和谐稳定

C. 坚决捍卫人民生命财产安全

D. 坚决捍卫中国共产党领导和我国社会主义制度

53. 全国总工会和各级工会要努力做到“五个不发生”，包括不发生政治性事件、不发生重大群体性事件、（　）。

A. 不发生重大安全生产方面的事故

B. 不发生特种刑事案件和特种重大治安案件

C. 不发生不实舆情炒作

D. 不发生上访事件

54. 要根据不同地区的（ ），科学合理地设置产业工会。

A. 经济特征

B. 产业结构调整变化

C. 经济发展水平

D. 产业经济和职工聚集程度

55. 对本地区经济结构中的（ ）建立健全产业工会。

A. 主导产业

B. 形成集群化发展的产业

C. 职工队伍比较集中的产业

D. 职工人数较少的产业

56. 保障劳动者对涉及切身利益重要事项的（ ）。

A. 知情权 B. 参与权

C. 决策权 D. 表达权

57. 产业工会要通过深化维权服务吸引新就业形态劳动者入会，推进“（ ）”一体化建设，有效凝聚新就业形态劳动者等。

A. 会　　B. 站　　C. 家　　D. 点

58. 以下属于八大群体的人员是（　）。

A. 货车司机　　B. 快递员

C. 售货员　　D. 保安员

59. “三新”领域是指以（　）为核心的经济发展领域。

A. 新科技　　B. 新产业

C. 新业态　　D. 新商业模式

60. 新形势下，针对党对产业工会的新部署、新要求，立足产业工会工作的（　），需要进一步建立健全产业工会工作制度机制。

A. 多样性　　B. 单一性

C. 复杂性　　D. 特殊性

61. 完善产业工会与对应（　）的联席（联系）会议制度。

A. 产业管理部门　　B. 行业协会

C. 政府有关部门　　D. 政协

62. 当前，产业工会创新工作方法和活动方式有（　）。

A. 改进服务方式　　B. 加强工作指导

C. 构建网上工作平台　　D. 善于借势借力

63. 中国海员建设工会、（　）于 2021 年共同发起了“货车司机职业发展与保障行动”。

A. 中国交通运输协会　　B. 中国道路运输协会

C. 中国物流与采购联合会　　D. 中国职工发展基金会

64. 产业工会探索运用社会化方式为基层提供（　）的服务。

A. 项目化　　B. 专业化

C. 订单式　　D. 特殊化

65. 2017 年，（　）印发了《新时期产业工人队伍建设改革方案》。

A. 中共中央　　B. 国务院

C. 中央办公厅　　D. 全国总工会

66. 要把产业工人队伍建设作为实施（　）的重要支撑和基础保障。

A. 科教兴国战略　B. 人才强国战略

C. 区域发展战略　D. 创新驱动发展战略

67. 要造就一支（　）的宏大的产业工人队伍。

A. 有信仰守纪律　B. 有理想守信念

C. 懂技术会创新　D. 敢担当讲奉献

68. 产业工人是工人阶级中发挥支撑作用的重要力量，是创造社会财富的（　），是创新驱动发展的（　），是实施制造强国战略的（　）。

A. 中坚力量　B. 骨干力量

C. 有生力量　D. 主体力量

69. 要改革不适应产业工人队伍建设要求的体制机制，充分调动广大产业工人的（　）。

A. 积极性　B. 主动性

C. 服务性　D. 创造性

70. 《新时期产业工人队伍建设改革方案》围绕加强和

改进（ ）、创新产业工人发展制度、强化产业工人队伍建设支撑保障等 5 个方面。

A. 产业工人队伍构成状况

B. 产业工人队伍思想政治建设

C. 构建产业工人技能形成体系

D. 运用互联网促进产业工人队伍建设

71. （ ）等群团组织联系的广大人民群众是全面建成小康社会、坚持和发展中国特色社会主义的基本力量。

A. 工会　B. 共青团　C. 妇联　D. 政协

72. 党的群团工作是党治国理政的一项（ ）工作。

A. 经常性　B. 常规性

C. 基础性　D. 基本性

73. 中国特色社会主义群团发展道路的基本特征是各群团（ ）相统一。

A. 自觉接受党的领导　B. 团结服务所联系群众

C. 结合客观实际　D. 依法依章程开展工作

74. 各级党组织必须负起政治责任，加强对群团组织的（　）。

A. 政治领导　　B. 思想领导

C. 组织领导　　D. 直接领导

75. 群团组织要坚持在大局下思考、在大局下行动，明确（　）、展现（　），更好促进改革发展、维护社会和谐稳定。

A. 主要矛盾　　B. 职责定位

C. 自身价值　　D. 个性风采

76. 把（　）作用和人才第一资源作用，转化为促进经济社会发展的强大力量。

A. 工人阶级主力军　　B. 工人阶级生力军

C. 青年生力军　　D. 妇女半边天

77. 群团组织要紧紧结合自身职责，深入开展群众性（　）等活动，动员群众立足岗位创新创业创优。

A. 劳动竞赛　　B. 技能比武

C. 科技创新　　D. 科学普及

78. 群团组织特别是人民团体是广大群众依法、有序、广泛参与管理国家和（　）事务、管理（　）和（　）事业的重要渠道。

A. 社会　B. 经济　C. 政治　D. 文化

79. 工会、共青团、妇联等群团组织要以提高（　）和扩大有效覆盖面为目标。

A. 吸引力　B. 凝聚力

C. 战斗力　D. 学习力

80. 立体化、多层面扩大组织覆盖，重点向非公有制经济组织、（　）等群体延伸组织体系。

A. 社会组织　B. 城乡社区

D. 农民工　D. 自由职业

81. 群团组织领导机关干部要带头树立（　）的好作风，竭诚为群众服务。

A. 经常联系群众　B. 直接服务群众

C. 真情同群众交友　D. 教育引导群众

82. 加强产业工会自身建设包括加强（　）等。

A. 产业工会政治建设　　B. 产业工会组织建设

C. 产业工会作风建设　　D. 产业工会制度建设

83. 加强产业工会政治建设包括（　）等。

A. 坚持党的领导　　B. 强化“四个意识”

C. 强化责任担当　　D. 提升服务水平

84. 中国产业工会要警惕敌对势力（　）图谋。

A. 西化　　B. 演化　　C. 分化　　D. 融化

85. 绝不允许出现（　）或（　）。

A. 地方工会　　B. “独立工会”

C. 产业工会　　D. “第二工会”

86. 各级产业工会在党史学习教育中，广大党员干部坚持（　），从回顾党的百年奋斗历程中汲取智慧力量。

A. 学史明理　　B. 学史增信

C. 学史崇德　　D. 学史力行

87. 教育引导广大产业工会干部深刻领悟“两个确立”

的决定性意义，进一步增强（　），坚定（　），做到（　），更加紧密地团结在以习近平同志为核心的党中央周围，深刻把握习近平新时代中国特色社会主义思想的世界观和方法论，切实把思想和行动统一到党的二十大精神上来。

A. “四个意识”　　B. “四个自信”

C. “两个维护”　　D. 忠诚干净担当

88. 把政治忠诚、（　）放在首要位置，把好干部标准落到实处。

A. 政治定力　　B. 政治担当

C. 政治能力　　D. 政治自律

89. 完善干部考核评价体系，探索建立管思想、（　）的干部管理机制，着力打造信得过、靠得住的工会干部队伍。

A. 管工作　　B. 管生活

C. 管作风　　D. 管纪律

90. 产业工会干部自身应努力具备较高（　）等。

A. 判断形势能力　　　　B. 适应市场经济能力

C. 应对复杂局面能力　　D. 服务大局能力

91. 产业工会干部自身应真正成为熟悉（　）的行家里手。

A. 产业经济发展　　　　B. 产业职工队伍

C. 产业劳动关系　　　　D. 文化娱乐

92. 各级产业工会要把加强产业工会干部的作风建设放在更加突出的位置来抓，大兴勤奋学习之风、（　），以优良作风推动产业工会工作不断开创新局面。

A. 调查研究之风

B. 求真务实之风

C. 密切联系职工群众之风

D. 廉洁自律之风

93. 习近平总书记强调，高度重视学习、善于进行学习，是我们党的（　）和（　）。

A. 优良传统　　　　B. 理想目标

C. 政治优势　　D. 政治规矩

94. 要把职工群众呼声看作第一信号、把职工群众需要当作（　）、把职工群众利益放在（　）、把职工群众愿望作为（　），努力维护好、发展好、实现好职工群众的根本利益。

A. 第一任务　　B. 第一使命

C. 第一位置　　D. 第一目标

95. 要健全维护职工群众权益机制，努力形成科学有效的（　），认真解决职工群众反映强烈的突出问题。

A. 利益协调机制　　B. 矛盾调处机制

C. 权益保障机制　　D. 安全防范机制

96. 努力建设一支（　）的产业工会干部队伍。

A. 政治坚定　　B. 业务扎实

C. 作风过硬　　D. 廉洁自律

97. 制度更带有（　）。

A. 根本性　　B. 全局性

C. 稳定性　　D. 长期性

98. 加强产业工会自身建设，必须始终把制度建设贯穿于产业工会（　）之中。

A. 政治建设　　B. 经济建设

C. 组织建设　　D. 作风建设

99. 建立和完善全国产业工会工作制度包括（　）。

A. 全委会工作制度　　B. 常委会工作制度

C. 信息工作制度　　D. 联系沟通制度

100. 党的二十大报告指出，十九大、十九届六中全会提出的（　）概括了习近平新时代中国特色社会主义思想的主要内容，必须长期坚持并不断丰富发展。

A. “八个明确”　　B. “十个明确”

C. “十四个坚持”　　D. “十三个方面成就”

参考答案

一、单项选择题

1. B	2. A	3. A	4. A	5. A
6. B	7. A	8. D	9. C	10. D
11. B	12. C	13. D	14. B	15. B
16. D	17. D	18. B	19. B	20. C
21. D	22. A	23. B	24. A	25. D
26. C	27. D	28. B	29. C	30. A
31. C	32. B	33. D	34. A	35. A
36. B	37. C	38. D	39. B	40. A
41. C	42. D	43. A	44. B	45. A
46. A	47. B	48. B	49. C	50. B
51. C	52. D	53. C	54. B	55. D
56. C	57. C	58. C	59. B	60. A
61. B	62. B	63. B	64. C	65. C

66. C	67. C	68. A	69. B	70. C
71. B	72. D	73. D	74. B	75. B
76. D	77. C	78. C	79. C	80. D
81. B	82. A	83. C	84. A	85. A
86. B	87. B	88. C	89. D	90. B
91. D	92. C	93. C	94. B	95. A
96. B	97. D	98. C	99. B	100. B
101. D	102. D	103. D	104. C	105. D
106. B	107. A	108. B	109. B	110. D
111. A	112. A	113. A	114. A	115. A
116. C	117. A	118. C	119. C	120. C
121. C	122. A	123. D	124. C	125. B
126. B	127. C	128. C	129. B	130. C
131. A	132. B	133. A	134. D	135. D
136. A	137. B	138. A	139. B	140. A
141. B	142. C	143. A	144. A	145. B
146. C	147. A	148. B	149. B	150. B
151. A	152. C	153. B	154. B	155. A

156. C	157. A	158. D	159. B	160. C
161. A	162. C	163. B	164. A	165. A
166. A	167. C	168. B	169. C	170. D
171. A	172. A	173. B	174. C	175. A
176. C	177. C	178. B	179. A	180. A
181. A	182. B	183. C	184. C	185. C
186. A	187. B	188. D	189. D	190. B
191. A	192. C	193. A	194. B	195. A
196. B	197. B	198. B	199. D	200. B

二、多项选择题

1. AB	2. ABD	3. AB	4. ABC	5. BC
6. ABC	7. CD	8. AD	9. ACD	10. BCD
11. ABC	12. ABCD	13. ABC	14. ABCD	15. ABCD
16. ABC	17. ABD	18. ABCD	19. ABCD	20. BC
21. ABCD	22. ABCD	23. ABCD	24. ABCD	25. ABCD
26. ABC	27. ABD	28. ABC	29. ABCD	30. ABD
31. ACD	32. ABC	33. AB	34. ACD	35. BCD
36. ACD	37. ABC	38. ABCD	39. ABCD	40. ABCD
41. ABCD	42. BCD	43. ABD	44. ABCD	45. ABC
46. ACD	47. AC	48. ACD	49. ABCD	50. ABCD
51. ACD	52. ABD	53. ABC	54. ABD	55. ABC
56. ABD	57. ABC	58. ABD	59. BCD	60. ACD
61. ABC	62. ABCD	63. ABCD	64. ABC	65. AB

66. ABD	67. BCD	68. ABC	69. ABD	70. BCD
71. ABC	72. AC	73. ABD	74. ABC	75. BC
76. ACD	77. ABCD	78. ABD	79. ABC	80. ABCD
81. ABC	82. ABCD	83. ABCD	84. AC	85. BD
86. ABCD	87. ABC	88. ABCD	89. ACD	90. ABCD
91. ABC	92. ABCD	93. AC	94. ACD	95. ABC
96. ABCD	97. ABCD	98. ACD	99. ABC	100. BCD